BEI GRIN MACHT SICH IHR WISSEN BEZAHLT

AF144550

- Wir veröffentlichen Ihre Hausarbeit,
  Bachelor- und Masterarbeit

- Ihr eigenes eBook und Buch -
  weltweit in allen wichtigen Shops

- Verdienen Sie an jedem Verkauf

Jetzt bei www.GRIN.com hochladen
und kostenlos publizieren

Moritz Krueger

Der Transaktionskostenansatz

Make or Buy Entscheidung

GRIN Verlag

Bibliografische Information der Deutschen Nationalbibliothek:

Die Deutsche Bibliothek verzeichnet diese Publikation in der Deutschen National-
bibliografie; detaillierte bibliografische Daten sind im Internet über http://dnb.d-
nb.de/ abrufbar.

Dieses Werk sowie alle darin enthaltenen einzelnen Beiträge und Abbildungen
sind urheberrechtlich geschützt. Jede Verwertung, die nicht ausdrücklich vom
Urheberrechtsschutz zugelassen ist, bedarf der vorherigen Zustimmung des Verla-
ges. Das gilt insbesondere für Vervielfältigungen, Bearbeitungen, Übersetzungen,
Mikroverfilmungen, Auswertungen durch Datenbanken und für die Einspeicherung
und Verarbeitung in elektronische Systeme. Alle Rechte, auch die des auszugsweisen
Nachdrucks, der fotomechanischen Wiedergabe (einschließlich Mikrokopie) sowie
der Auswertung durch Datenbanken oder ähnliche Einrichtungen, vorbehalten.

Impressum:

Copyright © 2011 GRIN Verlag, Open Publishing GmbH
Druck und Bindung: Books on Demand GmbH, Norderstedt Germany
ISBN: 978-3-640-86321-1

Dieses Buch bei GRIN:

http://www.grin.com/de/e-book/168576/der-transaktionskostenansatz

GRIN - Your knowledge has value

Der GRIN Verlag publiziert seit 1998 wissenschaftliche Arbeiten von Studenten, Hochschullehrern und anderen Akademikern als eBook und gedrucktes Buch. Die Verlagswebsite www.grin.com ist die ideale Plattform zur Veröffentlichung von Hausarbeiten, Abschlussarbeiten, wissenschaftlichen Aufsätzen, Dissertationen und Fachbüchern.

Besuchen Sie uns im Internet:

http://www.grin.com/

http://www.facebook.com/grincom

http://www.twitter.com/grin_com

Der Transaktionskostenansatz

Gliederung:

1.Begriffsdefinitionen
   1.1 Transaktion
   1.2 Verfügungsrechte
   1.3 Transaktionskostenansatz

2.Anfallende Transaktionskosten
   2.1 Eigenschaften einer Transaktion
   2.2 Einflussfaktoren
   2.3 Verhaltensannahmen

3.Fallbeispiel

4.Resümee

5.Quellen

1.Begriffsdefinition

1.1 Transaktion

Als Transaktion wird der Prozess der Planung und Ver-einbarung eines Leistungsaustausches verstanden, bei dem jedoch nicht der physische Leistungsaustausch selbst, sondern die vorgelagerte Übertragung von Ver-fügungsrechten im Mittelpunkt steht.

Eine Transaktion bezeichnet alle Übertragungen von Verfügungs-rechten an Gütern und Dienstleistungen in Austauschbeziehungen zwischen mindestens zwei Vertragspartnern.

1.2 Verfügungsrechte (Property Rights):

Verfügungsrechte berechtigen ihren Inhaber über bestimmte Ressourcen - diese können sowohl materieller oder immaterieller Art sein - zu verfügen. Die Berechtigung kann von Gesetzes wegen aus vertraglichen Verpflichtungen oder aus sozialen Pflichten resultieren. Die Ausstattung mit Verfügungsrechten kann einge-schränkter oder unverdünnter konzentrierter Natur sein. Verfügungsrechte sind demnach teilbar und/oder können durch Gesetze oder Regeln eingeschränkt werden.

Beispiel an einem Gut:
1. Rechte auf Nutzung des Gutes
2. Rechte auf formale oder materielle Veränderungen an einem Gut
3. Rechte auf die Aneignung von Erträgen, die durch die Nutzung eines Gutes entstehen
4. Rechte auf vollständige oder teilweise Veräußerung oder Übertragung des Gutes (bzw. der Rechte daran) an Dritte.
✖ ACHTUNG!
Sinnvoll definierte Verfügungsrechte können Marktversagensprobleme lösen.

1.3 Transaktionskostenansatz

Transaktionskostenansatz auch Koordinationskosten genannt- sind Kosten, die bei der Bestimmung, Übertragung und Durchsetzung von Verfügungsrechten für einen Leistungsaustausch innerhalb von Unternehmen und Märkten deshalb auftreten, weil die am Leistungsaustausch Beteiligten über verschiedene Interessen und unterschiedliches Können und Wissen verfügen. Diese treten innerhalb von Unternehmen. Es handelt sich im Wesentlichen um Kosten der Information und Kommunikation für Anbahnung, Vereinbarung, Abwicklungskosten, Kontrolle und Anpassung.

Der Transaktionskostenansatz ist Teil der neuen institutionellen Ökonomie, welche besagt das der Markt nicht kostenlos ist. Somit wird die Annahme der Neoklassik korrigiert.
Die erste Nennung vom Transaktionskostenansatz war 1937 von Ronald Coase, in seinem Buch „The nature oft the firm." Für das er 1991 den Nobelpreis für Wirtschaftswissenschaften erhielt.
In den 70er Jahren entwickelte Oliver E. Williams diesen Ansatz bzw. die Theorie weiter die heute durch A. Picot vertreten wird.

2. Anfallende Transaktionskosten

I)

Ex ante *(-bevor die Transaktion ausgeführt wird)*:

Unter den Begriff *Ex ante* Kosten fallen die Informationsbeschaffungskosten, die Anbahnungs-kosten und dieVereinbarungskosten.

II)

Ex post *(-nachdem die Transaktion ausgeführt wurde)*:

Unter den Begriff *Ex post* Kosten fallen die Ab-wicklungskosten, die Kontrollkosten, die Änderungs-kosten und die Anpassungskosten.

2.1 Eigenschaften einer Transaktion

Relevante Eigenschaften einer Transaktion sind :

1. Unsicherheit
Unsicherheit bzw. Risiko sind aufgrund der angenommenen Informationsdefizite stets gegeben.

2. Häufigkeit
Transaktionen können regelmäßig (Supermarkt verkauft seine Produkte) oder selten durchgeführt werden (Supermarkt kauft neue Kasse).

3. Spezifität
Leistungen einer Transaktion können unspezifisch (= generisch) und austauschbar (Kauf eines Regals) oder spezifisch, nicht-austauschbar (und daher spezifisch für eine einzige Transaktion) sein (Planung und Neubau eines Supermarkts).

Beispiele von Eigenschaften einer Transaktion

Häufigkeit der Transaktion mit dem Käufer	Nimmt der Verkäufer transaktionsspezifische Investitionen vor?		
	Nein	teilweise	Ja
selten	Käufer erwirbt Standardgut; Bsp.: PC	Käufer erwirbt speziell für ihn gefertigtes Gut; Bsp.: Spezialpresse	Käufer bezieht ganze Fertigungsanlage; Bsp.: Walzstraße
wiederholt	Käufer erwirbt regelmäßig Standardmaterial; Bsp.: Büromaterial	Käufer erwirbt laufend für ihn gefertigtes Material; Bsp.: Metall mit spezieller Legierung	Käufer bezieht laufend spezifisches Gut; Bsp.: chemische Produktionsprozesse

2.2 Einflussfaktoren

Die Einflussfaktoren von Transaktionskosten sind die Unsicherheit, die Häufigkeit und die Spezifität einer Transaktion. Zudem kommt auch noch die Transaktionsatmosphäre und die strategische Bedeutung einer Transaktion hinzu. Häufigkeit und (Faktor-) Spezifität werden auch vielmals zusammengenommen untersucht. Man unterscheidet dabei in die Standortspezifität, die Anlagenspezifität, die Humankapitalspezifität und die Abnehmerspezifität.

Die folgende Grafik zeigt wie sich die Häufigkeit und die Faktorspezifität zu einander verhalten.

Faktorspezifität

		unspezifisch	gemischt	spezifisch
Häufigkeit	Niedrig	1. Governance durch Markt (und Wettbewerb)	2. Governance durch Markt und externe Dritte	4. Vereinheitlichte Governance
	Hoch		3. bilaterale Governance	

1.
Geringe Faktorspezifität und niedrige
bzw. hohe Häufigkeit
Bsp.: Kauf von Standardgütern

Transaktionen können problemlos über den Markt abgebildet werden. Anreiz und Kontrolle findet überWettbewerb statt, da alternative Transaktions-partner leicht zu finden sind.

2.
Gemischte bzw. hohe Faktorspezifität und
niedrige Häufigkeit
Bsp.:Abschluss eines Bauvertrages

Transaktionen werden über den Markt abgebildet.
Eventuell Probleme von Opportunismus, deshalb
Anreiz und Kontrolle durch Hinzuziehung spezialisierter und neutraler Dritter.

3. Gemischte Faktorspezifität und hohe Häufigkeit
Bsp.:
regelmäßiger Einkauf von Spezialfertigungsmaterial

Markt undWettbewerb als Kontrollinstrument funktionieren nicht mehr.
Anreiz und Kontrolle durch Vereinbarung relationaler Verträge mit „Hostages"
(Geiselungen), quasi-hierarchischen Kontrollen, impliziten Vertrauensnormen
und anderen hybriden Mechanismen.

4. Hohe Faktorspezifität und hohe Häufigkeit
Bsp.:Arbeitsvertrag

Abwicklung über Märkte birgt zu hohes Opportunismuspotential. Die Transaktionen werden vertikal integriert durchgeführt und es gibt Anreiz und Kontrolle durch Hierarchien.

**hierarchische Governancestrukturen =
Bürokratie und „Clans"**

Bürokratie =
Anreiz und Kontrolle durch formale
Hierarchie und Autorität
Clans =   Anreiz und Kontrolle durch Sozialisation

Fazit:

Die Spezifität der Investitionen bestimmt wesentlich die Vorteilhaftigkeit verschiedener Governancestrukturen.
Je spezifischer das Transaktionskapital, desto eher sind Strukturen der Kooperation denen desWettbewerbs vorzuziehen.

2.3 Verhaltensannahmen bei Transaktionen

Begrenzte Rationalität
Aufgrund von begrenzter Wahrnehmung und Information wird ökonomischen Akteuren ein nicht vollständig rationales Handeln zugrundegelegt.

Opportunismus
Die ökonomischen Akteure verhalten sich ihren Interessen folgend und versuchen, auch durch List und Tücke, ihren Nutzen zu maximieren.

Risikoneutralität
Sie unterstellt das die Akteure sich in allen Vertrags- oder Organisationsalternativen neutral gegenüberstehen und sich auch untereinander nicht in ihren Neigung, ein Risiko einzugehen, unterscheiden.

4. Fallbeispiel: Mitarbeiterschulung

SCHRITT 1

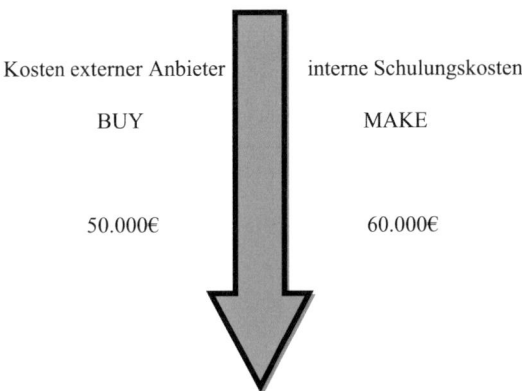

Kosten externer Anbieter   interne Schulungskosten

BUY   MAKE

50.000€   60.000€

Transaktionskostentheorie anwenden, um herauszufinden welche Entscheidung auch nach prüfen der Transaktionskosten die bessere Wahl ist.

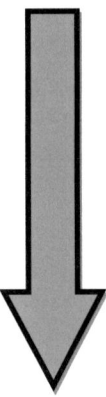

SCHRITT 2

Anfallende Transaktionskosten (Ex ante & Ex post) werden vor dem Hintergrund der Verhaltensannahmen und der Einflussfaktoren bewertet.

SCHRITT 3

Make or Buy Entscheidung wird getroffen.

Oftmals ist das günstige Angebot im Schritt 1, nach Anwendung der Transaktionskostentheorie, als schlechtere Möglichkeit anzusehen.

4.Resümee

Man kann sagen das die Transaktionskosten zur Make or Buy Entscheidung wie folgt berechnet werden können:

Einflussfaktoren
+ Verhaltensannahmen
+ anfallende Transaktionskosten
= Make or Buy Entscheidung

5.Quellen

Literatur:

Lothar Wegehenkel (1980):
Transaktionskosten, Wirtschaftssystem und
Unternehmertum, Tübingen,
1.Auflage, 1980.

Internet:

www.stade.de
www.wirtschaftslexikon24.de
www.uni-protokolle.de
www.wiwi.uni-muenster.de
www.wikipedia.de